公民预防恐怖活动行为指引

国家反恐怖工作领导小组办公室　编

中国人民公安大学出版社
群众出版社
·北京·

图书在版编目（CIP）数据

公民预防恐怖活动行为指引 / 国家反恐怖工作领导小组办公室编．-- 北京：中国人民公安大学出版社，2017.12

ISBN 978-7-5653-3160-2

Ⅰ．①公… Ⅱ．①国… Ⅲ．①反恐怖活动—基本知识—中国 Ⅳ．①D669.8

中国版本图书馆 CIP 数据核字（2017）第 301941 号

公民预防恐怖活动行为指引

国家反恐怖工作领导小组办公室 编

出版发行：中国人民公安大学出版社
地　　址：北京市西城区木樨地南里
邮政编码：100038
印　　刷：天津嘉恒印务有限公司

版　　次：2017 年 12 月第 1 版
印　　次：2018 年 10 月第 4 次
印　　张：1.25
开　　本：787 毫米 ×1092 毫米　1/32
字　　数：5 千字
书　　号：ISBN 978-7-5653-3160-2
定　　价：10.00 元

网　　址：www.cppsup.com.cn　www.porclub.com.cn
电子邮箱：zbs@cppsup.com　zbs@cppsu.edu.cn

营销中心电话：010-83903254
读者服务部电话（门市）：010-83903257
警官读者俱乐部电话（网购、邮购）：010-83903253
公安业务分社电话：010-83905672

前 言

近年来，全球范围内的恐怖袭击事件此起彼伏，造成大量人员伤亡和财产损失。恐怖主义严重威胁世界和平与发展，成为全人类的公敌。面对恐怖主义，没有哪个国家能独善其身。建立起防范恐怖袭击的铜墙铁壁，离不开每一位公民的支持和参与。

2016 年 1 月 1 日，《中华人民共和国反恐怖主义法》正式颁布实施。为了帮助公民增进反恐意识、掌握防范技能、识别可疑行为、远离暴恐侵害，我们编写了《公民预防恐怖活动行为指引》，希望通过本书使公众了解国家法律规定，积极配合、参与反恐怖工作，共同维护我们的美好生活！

国家反恐怖工作领导小组办公室

二〇一七年十一月

国家反对一切形式的恐怖主义，依法取缔恐怖活动组织，对任何组织、策划、准备实施、实施恐怖活动，宣扬恐怖主义，煽动实施恐怖活动，组织、领导、参加恐怖活动组织，为恐怖活动提供帮助的，依法追究法律责任。

任何单位和个人都有协助、配合有关部门开展反恐怖主义工作的义务，发现恐怖活动嫌疑或者恐怖活动嫌疑人员的，应当及时向公安机关或者有关部门报告。

对举报恐怖活动或者协助防范、制止恐怖活动有突出贡献的单位和个人，以及在反恐怖主义工作中作出其他突出贡献的单位和个人，按照国家有关规定给予表彰、奖励。

——《中华人民共和国反恐怖主义法》

目　录

一、预防恐怖活动基本知识

1. 什么是恐怖主义
2. 什么是恐怖活动
3. 恐怖袭击方式有哪些
4. 恐怖袭击的特点有哪些

长期以来，恐怖主义以血腥的暴力活动为显著标志，在许多国家制造混乱，造成社会动荡不安。虽然实施恐怖活动的人只是极少的一小撮，但由于恐怖主义所具有的特性，使其所造成的危害远远大于普通刑事犯罪。

1. 什么是恐怖主义

恐怖主义，是指通过暴力、破坏、恐吓等手段，制造社会恐慌、危害公共安全、侵犯人身财产，或者胁迫国家机关、国际组织，以实现其政治、意识形态等目的的主张和行为。

2. 什么是恐怖活动

恐怖活动，是指恐怖主义性质的下列行为：

（1）组织、策划、准备实施、实施造成或者意图造成人员伤亡、重大财产损失、公共设施损坏、社会秩序混乱等严重社会危害的活动。

（2）宣扬恐怖主义，煽动实施恐怖活动，或者非法持有宣扬恐怖主义的物品，强制他人在公共场所穿戴宣扬恐怖主义的服饰、标志。

（3）组织、领导、参加恐怖活动组织。

（4）为恐怖活动组织、恐怖活动人员、实施恐怖活动或者恐怖活动培训提供帮助。

（5）其他恐怖活动。

3. 恐怖袭击方式有哪些

常见的恐怖袭击方式包括刀斧砍杀、驾车冲撞碾压、纵火、爆炸、枪击、劫持、投放危险物质等。此外，恐怖分子有时还会通过利用网络、散布虚假恐怖信息等方式实施破坏活动。

4. 恐怖袭击的特点有哪些

（1）多针对无辜群众不加选择地实施袭击，妄图造成最大伤害。

（2）恐怖分子多会在袭击现场展示、散发、呼喊象征恐怖组织或恐怖主义思想的标识或口号。

（3）袭击方式多选择暴力手段，烈度大、破坏性强，极易对人的心理造成恐慌。

（4）常为多人共同作案。

二、共筑反恐防范安全防线

1. 积极来安检，不要嫌麻烦
2. 依法实名制，保护你我他
3. 平日多练习，遇袭保平安

安全源于你我，反恐人人有责。日常生活中，进入车站、机场、影剧院等场所时的安全检查，购票乘坐交通工具、使用物流快递、租赁机动车、上网等场景的实名登记，都离不开广大人民群众的支持与配合。这些举手之劳的作用不可小看，它对全社会防范恐怖袭击具有重要意义，能够有效震慑阻止暴恐分子策划、准备及实施恐怖袭击活动。

1. 积极来安检，不要嫌麻烦

保障我们每个人的人身、财产安全，是安全检查工作的主要目的。通过安检，能及时发现人身、车辆、物品等是否携带或夹带枪支、弹药、管制刀具、易燃易爆、腐蚀性、放射性等危险物品，有效防止损害发生。

需要进行安全检查的场所通常有哪些？

（1）交通枢纽，如机场、火车站、地铁站、汽车站、码头等。

（2）人员密集场所，如城市广场、影剧院、景点等。

（3）大型活动举办场所，如重要会议、体育赛事、展览、演出活动场所等。

（4）其他需要进行安检的场所。

如何配合做好安全检查?

（1）及时了解禁止携带的违禁品和管制物品种类。

（2）充分预留安检时间，避免造成时间上的延误。

（3）积极配合，听从安检人员指挥，提高安检速度。

（4）遇有需要查验身份证件时，提前准备好相关证件，确保快速通过。

目前，常见的安检形式包括徒手检查和仪器检查。需要说明的是，仪器检查对人体、电子设备、食品等均无损害。

2. 依法实名制，保护你我他

在日常生活中，当我们坐飞机、住宾馆、上网吧、寄快递时，通常需要出示有效身份证件。实名制有利于加强社会管理、规范个体行为、打击违法犯罪，并在及时发现可疑、消除涉恐隐患方面，发挥着十分重要的作用。

什么时候需要进行实名登记?

（1）入住宾馆、酒店等。

（2）邮寄物品。

（3）运输货物。

（4）购票乘坐长途汽车、飞机、高铁等公共交通工具。

（5）使用互联网、金融、电信、机动车租赁等服务。

（6）购买特定商品。

（7）其他。

实名登记需要注意哪些问题？

（1）如实登记自己的实名身份信息。

（2）妥善保管身份证件，不转借他人使用。

（3）遗失证件及时按规定报告。

3. 平日多练习，遇袭保平安

对我们大家来说，面对凶残的暴恐分子，这是一场不讲规则、没有底线，完全不对等的战斗。因此，一旦意识到身边可能发生暴恐事件，要首先确保自身安全，及时报警。

掌握应急技能

（1）立即离开事发区域，不要围观、停留，不要贪恋财物，如无法逃避时，应利用地形、遮蔽物遮掩、躲藏。

（2）保持镇静，不要惊恐喊叫，避免增加周围人的恐惧，引起更大的混乱和伤亡。

（3）在确保个人安全的情况下，及时报警、呼救和

救助他人。

（4）逃离现场时应避免拥挤，以免因拥挤、踩踏受伤。

（5）如遇不明气体或液体，应迅速躲避，且用毛巾、衣物等捂住口鼻，做好防护措施。

积极参与演练

日常积极参加反恐应急演练，掌握必备的应急知识和技能，了解发生暴恐事件时应当采取的必要行动，加快反应速度，有效躲避危险。

三、自觉抵制恐怖主义思想

1. 恐怖主义思想传播途径有哪些
2. 面对恐怖主义思想网络渗透应该怎么办

恐怖主义思想是恐怖活动的重要诱因。恐怖分子通过制作、发布音视频，散发非法宣传品等形式，千方百计地向群众传播恐怖主义思想，煽动实施恐怖活动，传授恐怖袭击方法。作为普通公民，我们要学会识别它们。

1. 恐怖主义思想传播途径有哪些

（1）含有恐怖组织宣扬暴力、煽动实施恐怖袭击、煽动破坏社会秩序内容的音视频、图片等。

（2）含有恐怖主义思想，鼓吹通过暴力解决问题等内容的传单、小册子等。

（3）宣扬恐怖主义的网络言论、公开言论等。

（4）代表恐怖组织、恐怖主义的标识、旗帜等。

（5）宣扬恐怖主义的非法讲经活动等。

2. 面对恐怖主义思想网络渗透应该怎么办

网络是恐怖主义思想传播的重要途径。我们在日常上网过程中发现疑似含有恐怖主义思想的宣传品、音视频时应当做到：

（1）及时停止观看。

（2）不在手机或电脑上下载、保存相关宣传品、音视频。

（3）不散布、不转发、不传看相关宣传品、音视频。

（4）对在网络公共空间传播的含有恐怖主义言论、图片、音视频等，不评论、不讨论。

（5）通过视频网站设立的“暴恐音视频举报专区”链接，或各类手机应用的违法举报入口进行举报。

四、正确识别、举报涉恐可疑情况

1. 哪些人是可疑人员
2. 哪些物品是可疑物品
3. 发现可疑情况之后怎么办
4. 举报有奖励，包庇要追责

积极协助、配合有关部门开展反恐怖主义工作是每个公民应尽的法律义务。日常生活中发现恐怖活动嫌疑后，要及时向公安机关或有关部门报告。

1. 哪些人是可疑人员

（1）冒用他人身份证件或使用伪造的身份证件。

（2）言行异常，安全检查过程中不愿接受检查或者试图逃避检查。

（3）衣着反常，穿着很宽大的衣物或者腰部突出等。

（4）携带疑似管制刀具、易燃易爆等违禁物品。

（5）服饰、皮肤或所携带物品上有疑似与恐怖主义

相关的标识图案。

（6）作息时间反常，住所内常传出异常声响、刺激性气味或出现大量火柴棍等非生活垃圾等。

（7）在标志性建筑、人员密集场所等地反复徘徊观察、打探安保情况等。

（8）试图获取炸药、武器等，或匿名、大量购买易燃易爆物品、危险化学品及管制刀具等。

（9）疑似公安机关通报的恐怖活动人员。

2. 哪些物品是可疑物品

（1）重要目标附近出现的无人认领或来历不明的物

品。

（2）有意伪装或者藏匿的物品。

（3）可疑人员携带的与其身份不符的物品，如可能装有管制刀具、棍棒等物品的旅行包。

（4）随身携带藏匿、企图躲避安检的物品。

（5）散发如臭鸡蛋（黑火药）、氨水（硝铵炸药）等特殊气味的物品。

3. 发现可疑情况之后怎么办

（1）迅速远离。尽可能地远离可疑人员、可疑物品，

确保自身安全；牢记可疑特征，如嫌疑人外貌、携带物品等，在保证安全的情况下，可用手机进行拍照记录。

（2）及时报警。向周围的执勤民警或到当地公安机关报警，或通过“110”报警电话、“12110”短信报警平台、公安机关微信公众平台以及信件、电子邮件等方式报警。报警时要保持沉着冷静，全面报告可疑情况的具体细节。

4. 举报有奖励，包庇要追责

公民发现并积极举报可疑线索的，经过核实后，公安机关将按有关规定予以奖励。同时，严格保护举报人的个人身份等信息，充分保障举报人的安全。

明知他人有恐怖活动犯罪行为，却窝藏、包庇的，将受到拘留、罚款等行政处罚，直至追究刑事责任。

五、相关法律

1.《中华人民共和国反恐怖主义法》（节选）

2.《中华人民共和国刑法》（节选）

1.《中华人民共和国反恐怖主义法》（节选）

第三条 本法所称恐怖主义，是指通过暴力、破坏、恐吓等手段，制造社会恐慌、危害公共安全、侵犯人身财产，或者胁迫国家机关、国际组织，以实现其政治、意识形态等目的的主张和行为。

本法所称恐怖活动，是指恐怖主义性质的下列行为：

（一）组织、策划、准备实施、实施造成或者意图造成人员伤亡、重大财产损失、公共设施损坏、社会秩序混乱等严重社会危害的活动的；

（二）宣扬恐怖主义，煽动实施恐怖活动，或者非法持有宣扬恐怖主义的物品，强制他人在公共场所穿戴宣扬恐怖主义的服饰、标志的；

（三）组织、领导、参加恐怖活动组织的；

（四）为恐怖活动组织、恐怖活动人员、实施恐怖活动或者恐怖活动培训提供信息、资金、物资、劳务、技术、场所等支持、协助、便利的；

（五）其他恐怖活动。

第二十条 铁路、公路、水上、航空的货运和邮政、快递等物流运营单位应当实行安全查验制度，对客户身份进行查验，依照规定对运输、寄递物品进行安全检查或者开封验视。对禁止运输、寄递，存在重大安全隐患，或者客户拒绝安全查验的物品，不得运输、寄递。

前款规定的物流运营单位，应当实行运输、寄递客户身份、物品信息登记制度。

第二十一条 电信、互联网、金融、住宿、长途客运、机动车租赁等业务经营者、服务提供者，应当对客户身份进行查验。对身份不明或者拒绝身份查验的，不得提供服务。

第二十二条 生产和进口单位应当依照规定对枪支等武器、弹药、管制器具、危险化学品、民用爆炸物品、核与放射物品作出电子追踪标识，对民用爆炸物品添加安检示踪标识物。

运输单位应当依照规定对运营中的危险化学品、民用爆炸物品、核与放射物品的运输工具通过定位系统实行监控。

有关单位应当依照规定对传染病病原体等物质实行严格的监督管理，严密防范传染病病原体等物质扩散或者流入非法渠道。

对管制器具、危险化学品、民用爆炸物品，国务院有关主管部门或者省级人民政府根据需要，在特定区域、特定时间，可以决定对生产、进出口、运输、销售、使用、报废实施管制，可以禁止使用现金、实物进行交易或者对交易活动作出其他限制。

第三十四条 大型活动承办单位以及重点目标的管理单位应当依照规定，对进入大型活动场所、机场、火车站、码头、城市轨道交通站、公路长途客运站、口岸等重点目标的人员、物品和交通工具进行安全检查。发现违禁品和管制物品，应当予以扣留并立即向公安机关报告；发现涉嫌违法犯罪人员，应当立即向公安机关报告。

第三十五条 对航空器、列车、船舶、城市轨道车辆、公共电汽车等公共交通运输工具，营运单位应当依照规定配备安保人员和相应设备、设施，加强安全检查和保卫工作。

第三十七条 飞行管制、民用航空、公安等主管部门应当按照职责分工，加强空域、航空器和飞行活动管理，严密防范针对航空器或者利用飞行活动实施的恐怖活动。

第七十九条 组织、策划、准备实施、实施恐怖活动，宣扬恐怖主义，煽动实施恐怖活动，非法持有宣扬恐怖主义的物品，强制他人在公共场所穿戴宣扬恐怖主义的服饰、标志，组织、领导、参加恐怖活动组织，为恐怖活动组织、恐怖活动人员、实施恐怖活动或者恐怖活动培训提供帮助的，依法追究刑事责任。

第八十条 参与下列活动之一，情节轻微，尚不构成犯罪的，由公安机关处十日以上十五日以下拘留，可以并处一万元以下罚款：

（一）宣扬恐怖主义、极端主义或者煽动实施恐怖活动、极端主义活动的；

（二）制作、传播、非法持有宣扬恐怖主义、极端主义的物品的；

（三）强制他人在公共场所穿戴宣扬恐怖主义、极端主义的服饰、标志的；

（四）为宣扬恐怖主义、极端主义或者实施恐怖主义、极端主义活动提供信息、资金、物资、劳务、技术、场所等支持、协助、便利的。

第八十一条 利用极端主义，实施下列行为之一，情节轻微，尚不构成犯罪的，由公安机关处五日以上十五日以下拘留，可以并处一万元以下罚款：

（一）强迫他人参加宗教活动，或者强迫他人向宗教活动场所、宗教教职人员提供财物或者劳务的；

（二）以恐吓、骚扰等方式驱赶其他民族或者有其他信仰的人员离开居住地的；

（三）以恐吓、骚扰等方式干涉他人与其他民族或者有其他信仰的人员交往、共同生活的；

（四）以恐吓、骚扰等方式干涉他人生活习俗、方式和生产经营的；

（五）阻碍国家机关工作人员依法执行职务的；

（六）歪曲、诋毁国家政策、法律、行政法规，煽动、教唆抵制人民政府依法管理的；

（七）煽动、胁迫群众损毁或者故意损毁居民身份证、户口簿等国家法定证件以及人民币的；

（八）煽动、胁迫他人以宗教仪式取代结婚、离婚登记的；

（九）煽动、胁迫未成年人不接受义务教育的；

（十）其他利用极端主义破坏国家法律制度实施的。

第八十二条 明知他人有恐怖活动犯罪、极端主义犯罪行为，窝藏、包庇，情节轻微，尚不构成犯罪的，或者在司法机关向其调查有关情况、收集有关证据时，拒绝提供的，由公安机关处十日以上十五日以下拘留，可以并处一万元以下罚款。

第九十条 新闻媒体等单位编造、传播虚假恐怖事件信息，报道、传播可能引起模仿的恐怖活动的实施细节，发布恐怖事件中残忍、不人道的场景，或者未经批准，报道、传播现场应对处置的工作人员、人质身份信息和应对处置行动情况的，由公安机关处二十万元以下罚款，并对其直接负责的主管人员和其他直接责任人员，处五日以上十五日以下拘留，可以并处五万元以下罚款。

个人有前款规定行为的，由公安机关处五日以上十五日以下拘留，可以并处一万元以下罚款。

第九十一条 拒不配合有关部门开展反恐怖主义安全防范、情报信息、调查、应对处置工作的，由主管部门处二千元以下罚款；造成严重后果的，处五日以上十五日以下拘留，可以并处一万元以下罚款。

单位有前款规定行为的，由主管部门处五万元以下罚款；造成严重后果的，处十万元以下罚款；并对其直接负责的主管人员和其他直接责任人员依照前款规定处罚。

第九十二条 阻碍有关部门开展反恐怖主义工作的，由公安机关处五日以上十五日以下拘留，可以并处五万元以下罚款。

单位有前款规定行为的，由公安机关处二十万元以下罚款，并对其直接负责的主管人员和其他直接责任人员依照前款规定处罚。

2.《中华人民共和国刑法》（节选）

第一百二十条 【组织、领导、参加恐怖组织罪】组织、领导恐怖活动组织的，处十年以上有期徒刑或者无期徒刑，并处没收财产；积极参加的，处三年以上十年以下有期徒刑，并处罚金；其他参加的，处三年以下有期徒刑、拘役、管制或者剥夺政治权利，可以并处罚金。

犯前款罪并实施杀人、爆炸、绑架等犯罪的，依照数罪并罚的规定处罚。

第一百二十条之一 【帮助恐怖活动罪】资助恐怖活动组织、实施恐怖活动的个人的，或者资助恐怖活动培训的，处五年以下有期徒刑、拘役、管制或者剥夺政治权利，并处罚金；情节严重的，处五年以上有期徒刑，并处罚金或者没收财产。

为恐怖活动组织、实施恐怖活动或者恐怖活动培训招募、运送人员的，依照前款的规定处罚。

单位犯前两款罪的，对单位判处罚金，并对其直接负责的主管人员和其他直接责任人员，依照第一款的规定处罚。

第一百二十条之二 【准备实施恐怖活动罪】有下列情形之一的，处五年以下有期徒刑、拘役、管制或者剥夺政治权利，并处罚金；情节严重的，处五年以上有期徒刑，并处罚金或者没收财产：

（一）为实施恐怖活动准备凶器、危险物品或者其他工具的；

（二）组织恐怖活动培训或者积极参加恐怖活动培训的；

（三）为实施恐怖活动与境外恐怖活动组织或者人

员联络的；

（四）为实施恐怖活动进行策划或者其他准备的。

有前款行为，同时构成其他犯罪的，依照处罚较重的规定定罪处罚。

第一百二十条之三 【宣扬恐怖主义、极端主义、煽动实施恐怖活动罪】以制作、散发宣扬恐怖主义、极端主义的图书、音频视频资料或者其他物品，或者通过讲授、发布信息等方式宣扬恐怖主义、极端主义的，或者煽动实施恐怖活动的，处五年以下有期徒刑、拘役、管制或者剥夺政治权利，并处罚金；情节严重的，处五年以上有期徒刑，并处罚金或者没收财产。

第一百二十条之四 【利用极端主义破坏法律实施罪】利用极端主义煽动、胁迫群众破坏国家法律确立的婚姻、司法、教育、社会管理等制度实施的，处三年以下有期徒刑、拘役或者管制，并处罚金；情节严重的，处三年以上七年以下有期徒刑，并处罚金；情节特别严重的，处七年以上有期徒刑，并处罚金或者没收财产。

第一百二十条之五 【强制穿戴宣扬恐怖主义、极端主义服饰、标志罪】以暴力、胁迫等方式强制他人在公共场所穿着、佩戴宣扬恐怖主义、极端主义服饰、标志的，处三年以下有期徒刑、拘役或者管制，并处罚金。

第一百二十条之六 【非法持有宣扬恐怖主义、极端主义物品罪】明知是宣扬恐怖主义、极端主义的图书、音频视频资料或者其他物品而非法持有，情节严重的，处三年以下有期徒刑、拘役或者管制，并处或者单处罚金。

第二百九十一条之一 【投放虚假危险物质罪】【编造、故意传播虚假恐怖信息罪】投放虚假的爆炸性、毒害性、放射性、传染病病原体等物质，或者编造爆炸威胁、生化威胁、放射威胁等恐怖信息，或者明知是编造的恐怖信息而故意传播，严重扰乱社会秩序的，处五年以下有期徒刑、拘役或者管制；造成严重后果的，处五年以上有期徒刑。

第三百一十一条 【拒绝提供间谍犯罪、恐怖主义犯罪、极端主义犯罪证据罪】明知他人有间谍犯罪或者恐怖主义、极端主义犯罪行为，在司法机关向其调查有关情况、收集有关证据时，拒绝提供，情节严重的，处三年以下有期徒刑、拘役或者管制。